BEI GRIN MACHT SICH IHR WISSEN BEZAHLT

- Wir veröffentlichen Ihre Hausarbeit, Bachelor- und Masterarbeit

- Ihr eigenes eBook und Buch - weltweit in allen wichtigen Shops

- Verdienen Sie an jedem Verkauf

Jetzt bei www.GRIN.com hochladen und kostenlos publizieren

Stephanie Schnabel

Vorstellung und Evaluation der Internetseite EuroCom-Rom

GRIN Verlag

Bibliografische Information der Deutschen Nationalbibliothek:

Die Deutsche Bibliothek verzeichnet diese Publikation in der Deutschen Nationalbibliografie; detaillierte bibliografische Daten sind im Internet über http://dnb.d-nb.de/ abrufbar.

Dieses Werk sowie alle darin enthaltenen einzelnen Beiträge und Abbildungen sind urheberrechtlich geschützt. Jede Verwertung, die nicht ausdrücklich vom Urheberrechtsschutz zugelassen ist, bedarf der vorherigen Zustimmung des Verlages. Das gilt insbesondere für Vervielfältigungen, Bearbeitungen, Übersetzungen, Mikroverfilmungen, Auswertungen durch Datenbanken und für die Einspeicherung und Verarbeitung in elektronische Systeme. Alle Rechte, auch die des auszugsweisen Nachdrucks, der fotomechanischen Wiedergabe (einschließlich Mikrokopie) sowie der Auswertung durch Datenbanken oder ähnliche Einrichtungen, vorbehalten.

Impressum:

Copyright © 2007 GRIN Verlag GmbH
Druck und Bindung: Books on Demand GmbH, Norderstedt Germany
ISBN: 978-3-638-88293-4

Dieses Buch bei GRIN:

http://www.grin.com/de/e-book/72849/vorstellung-und-evaluation-der-internetseite-eurocomrom

GRIN - Your knowledge has value

Der GRIN Verlag publiziert seit 1998 wissenschaftliche Arbeiten von Studenten, Hochschullehrern und anderen Akademikern als eBook und gedrucktes Buch. Die Verlagswebsite www.grin.com ist die ideale Plattform zur Veröffentlichung von Hausarbeiten, Abschlussarbeiten, wissenschaftlichen Aufsätzen, Dissertationen und Fachbüchern.

Besuchen Sie uns im Internet:

http://www.grin.com/

http://www.facebook.com/grincom

http://www.twitter.com/grin_com

Heinrich-Heine-Universität Düsseldorf
Romanisches Seminar II
HS: Phonologie und Morphologie des Spanischen
Sommersemester 2006

Vorstellung und Evaluation der Internetseite EuroComRom

Stephanie M. Schnabel

Lehramt
Französisch/ Englisch (11./ 9. Semester)
Spanisch (11. Semester)

Abgabe: 08.01.2007

Inhaltsverzeichnis

1. Einleitung 3
2. Das Internet als moderne „Lernhilfe" 4
3. Vorstellung der Internetseite EuroCom und ihrer Unterseite EuroComRom 5
   3.1 Die Idee hinter der Seite 5
   3.2 Die so genannten „Sieben Siebe" von EuroComRom 6
       3.2.1 Sieb 1: „Internationaler Wortschatz" 6
       3.2.2 Sieb 2: „Panromanischer Wortschatz" 7
       3.2.3 Sieb 3: „Lautentsprechungen" 9
       3.2.4 Sieb 4: „Graphien und Aussprachen" 10
       3.2.5 Sieb 5: „Panromanischer syntaktischer Transfer" 12
       3.2.6 Sieb 6: „Morphosyntaktischer Transfer" 13
       3.2.7 Sieb 7: „Eurofixe" 14
   3.3 Zusatzmaterialien zu den „Sieben Sieben" 15
       3.3.1 Die Profilwörter 15
       3.3.2 Die Miniporträts der Sprachen 15
4. Zusammenfassung: Evaluation der Seite EuroComRom 18
5. Bibliographie 19

1. Einleitung

Sprachenlernen mit Hilfe des Internets – an sich eine verlockende Aussicht angesichts der weltweiten Vernetzung. Doch wie kann das funktionieren? Und welche Methode bietet sich hierfür an? Schließlich kann man nicht wirklich mit dem Internet reden, man muss sich also selber Möglichkeiten suchen, seine eventuell schon vorhandenen Kenntnisse und Fähigkeiten zu erschließen und auszubauen. Doch hilft hier das Internet wirklich?

Eine Antwort auf diese Fragen könnte die Lernmethode, die auf der Seite EuroCom bzw. EuroComRom dargestellt wird, sein. Sie bietet eine Vorgehensweise an, die auf schon vorhandenen Sprachkenntnissen aufbaut und über verschiedene Stufen, den so genannten sieben Sieben, zumindest zu einer rezeptiven Lesekompetenz innerhalb der romanischen Sprachfamilie führen soll. In dieser Hausarbeit soll EuroComRom zunächst vorgestellt und anschließend evaluiert werden. Das Hauptaugenmerk liegt hierbei auf den sieben Sieben, die jeweils mit Beispielen dargestellt und erklärt werden sollen.

EuroComRom wurde von einer Forschergruppe der Johann-Wolfgang-von-Goethe-Universität Frankfurt entwickelt und soll nicht nur Muttersprachler einer romanischen Sprache, sondern auch Lerner aus anderen Sprachfamilien, ansprechen. Um sich diese Methode erfolgreich anzueignen, so kann man auf der Internetseite lesen, genügten Grundkenntnisse in Französisch. Aber jede andere Sprache auch könne als Grundlage verwendet werden, einzig die Bedeutung der Siebe verändere sich. Die Auswahl der zu erlernenden Sprachen beinhaltet neben Französisch, Spanisch, Italienisch und Portugiesisch auch Katalanisch und Rumänisch, um möglichst viele verschiedene Unterschiede und Gemeinsamkeiten zwischen den einzelnen Sprachen aufzeigen zu können

Doch worin genau ist dieser spezielle Anspruch der Forscher begründet? Welche Vorüberlegungen sind wichtig? Und sind Internetseiten wie diese überhaupt für Lerner, sowohl inner- als auch außerhalb der Schule, geeignet?

Diese Fragen sollen in den folgenden Kapiteln nach und nach beantwortet und abschließend kurz resümiert werden. Als erstes folgt ein Kapitel zum Oberthema ‚Das Internet als Lernhilfe', um im Anschluss genauer auf die Seite EuroComRom einzugehen. Im letzten Kapitel werden dann die „Sieben Siebe" sowie zusätzlich angebotene Materialien einzeln vorgestellt.

2. Das Internet als moderne „Lernhilfe"

Neue Medien, im Kontext dieser Arbeit eingegrenzt auf Internetseiten, zur Unterstützung klassischer Lernmethoden und -materialien gewinnen in den letzten Jahren immer mehr an Bedeutung. Doch nicht alles ist gleich gut. Es hängt stark von den eigenen Wünschen sowie den jeweiligen Ziel- und Schwerpunktsetzungen der Seiten ab, ob die Bemühungen des Lerners von Erfolg gekrönt sind. Doch auf welche Gesichtspunkte sollte man bei der Auswahl achten?

Wichtig ist zunächst einmal zu überlegen, in welchem Kontext das Internet als Lernhilfe eingesetzt werden soll: in einer Schulklasse, privat zu Hause, in einem Volkshochschulkurs...? Danach richtet sich natürlich auch der notwendige Grad der Verständlichkeit der Methode, die auf der Seite präsentiert wird sowie die dargestellten und zu erreichenden Ziele. Grob gesehen verfügt ein Erwachsener immer noch über ein größeres Weltwissen als ein Jugendlicher und bringt andere Erfahrungen in den Lernprozess mit ein, auf die dann mit Hilfe der Seite aufgebaut werden kann. Außerdem muss man auch zwei verschiedene Vorüberlegungen in die Planung miteinbeziehen. Man kann das Internet zum Beispiel im Schulunterricht einerseits einsetzen, um den Unterricht aufzulockern, andererseits kann man aber auch intensiv damit arbeiten, um den Schülern den Schulstoff leichter zugänglich zu machen. Eines der wichtigsten Kriterien überhaupt ist jedoch die notwendige Korrelation der Ziele der Internetseite und der Ziele der Anwender bzw. der Lerner. Sie müssen sich fragen, ob sie mit Hilfe einer bestimmten Seite überhaupt ihr selbst gestecktes Ziel erreichen können. Ist dies nicht der Fall, sollte man nach einer anderen Seite Ausschau halten. Bevor man also eine Internetseite auswählt, müssen also die zu erreichenden Ziele und das Vorwissen der Lernenden in Erfahrung gebracht werden.

Weiterhin zu berücksichtigen ist der Aufbau der Seite selber. Muss man sich erst lange einarbeiten oder sind die Arbeitsanweisungen des dort präsentierten Programms ausreichend? Gibt es Verknüpfungen innerhalb der Seite oder werden vielleicht sogar Links zu anderen Seiten bereitgestellt? Eine der Herausforderungen, die das Internet als Lernmöglichkeit mit sich bringt, ist vor allen Dingen eine in den häufigsten Fällen nicht überschaubare Informationsflut. Daher ist es einerseits positiv zu bewerten, wenn die Seite alleine schon recht ausführliche, aber geordnete, Informationen bereithält, andererseits aber auch wenn gezielt Verweise auf andere Seiten bereitgestellt werden. In diesem Fall muss der Lernende nicht wie ein Fisch im Wasser nach zusätzlichen Materialien und Informationen suchen, sondern erhält dadurch erste Links, die möglicherweise ihrerseits wieder mit anderen Seiten vernetzt sind.

3. Vorstellung der Internetseite EuroCom und ihrer Unterseite EuroComRom

3.1 Die Idee hinter der Seite

Die Methode EuroComRom, das heißt die der sieben Siebe, möchte dazu beitragen, eine echte Mehrsprachigkeit in einem immer stärker zusammenwachsenden Europa zu erzielen, die nicht mehr nur auf den Umweg über das Englische angewiesen ist. Da es innerhalb dieses Kontinents nicht nur die romanische Sprachfamilie gibt, wurden außerdem die Internetseiten EuroComGerm und EuroComSlav entwickelt, durch die sowohl der germanische als auch der slawische Sprachraum erschlossen werden kann. In Europa gibt es eine Vielfalt der Kulturen und der bisherige Schulunterricht, zumindest an deutschen Schulen, trägt nur sehr wenig dazu bei, diese Kulturen den Schülern näher zu bringen. Dies ist jedoch auch außerhalb der Schule oft ein Problem, das nicht zuletzt durch fehlende Sprachkenntnisse entsteht.

Genau hier will EuroComRom ansetzen. Durch eine gezielte Schulung der rezeptiven Fähigkeiten soll der Weg geöffnet werden, um aufeinander zuzugehen. Durch Untersuchungen weiß man, dass ab dem Erlernen einer dritten Fremdsprache die Lesekompetenz am schnellsten erreicht wird. Sie wird somit zum wichtigsten Einstieg in die neue Sprache und soll durch die Methode der sieben Siebe gezielt erschlossen werden. Mit Hilfe dieser Siebe soll aus der neuen, anfangs noch fremden Sprache so viel an bereits bekanntem herausgefiltert werden, damit man nicht gleich von Anfang an den Mut am Lernen verliert, wie dies so oft bei herkömmlichen Methoden der Fall ist. Außerdem hat man die Möglichkeit, sich je nach Intention und Interesse entweder auf eine einzelne Sprache verstärkt zu konzentrieren oder aber die bisher ins Programm aufgenommenen sieben Sprachen mit Hilfe der Interkomprehension komplett zu betrachten. Hier kommt nun die so genannte Brückensprache ins Spiel. Dieses Vorwissen hat man sich nämlich meistens schon durch den Erwerb der ersten und/oder zweiten Fremdsprache unbewusst angeeignet und muss es jetzt nur noch entsprechend aktivieren. Die sieben Siebe geben nur einen groben Ablauf für die Erschließung der neuen Sprache(n) vor. Um die Methode EuroComRom anzuwenden, empfiehlt sich für deutsche Muttersprachler das Französische als Brückensprache. Innerhalb der Romania ist diese Sprache nämlich diejenige, in der Graphie und Lautung am weitesten auseinanderklaffen, aufgrund dessen es am schwersten sein wird, von der durch EuroComRom erworbenen, rezeptiven Lesekompetenz zu einer adäquaten Kompetenz in der praktischen Anwendung der Sprache zu gelangen. Diese Vorrangstellung des Französischen beruht außerdem auf seiner führenden Rolle in weiten Teilen der europäischen Geschichte, durch die auch viele Wörter aus dem Französischen in andere Sprachen entlehnt wurden. Noch dazu ist es in der Romania die am weitesten verbreitete Sprache mit Sprechern in Frankreich, der Schweiz, Monaco, Liechtenstein, Belgien, Andorra und Luxemburg.

Jedoch ist eine Adaption auf andere Ausgangs- sowie Brückensprachen möglich. Die Transferbasen, das heißt die sieben Siebe sind von der Forschergruppe, die hinter EuroComRom steht, mittlerweile auf alle großen Sprachen der Romania angewandt und an die jeweiligen Ausgangssprachen angepasst worden.

Materialien, um mit EuroComRom angemessen lernen zu können, sind entweder im Internet als Onlinekurse oder in den Handbüchern für die jeweiligen Sprachen erhältlich und stellen so einen Zugang sicher, der überall und jederzeit möglich ist. Dort sind auch CDs bzw. entsprechende Audio-Dateien beigefügt, um die Texte, die in den Kursen verwendet werden, auch auditiv aufzunehmen und so das Hörverständnis zu schulen. Außerdem kann man Seminare für Schulklassen oder andere Gruppen buchen, mit den Kursen für sich alleine oder als Gruppe lernen und so die Sprachen der Romania nach seinen Bedürfnissen erschließen.

3.2   Die so genannten „Sieben Siebe" von EuroComRom

3.2.1   Sieb 1: „Internationaler Wortschatz"

In diesem ersten Sieb geht es um Internationalismen in den verschiedenen möglichen Ausgangssprachen. Die Zunahme des internationalen Wortschatzes spiegelt eine Zunahme der weltweiten Beziehungen wieder und ist somit ein lebendiges Zeugnis der Globalisierung. Jedoch muss man unterscheiden, aus welcher Perspektive man diese Wörter betrachtet. Sie sind länder- und sprachenspezifisch, obwohl sie –gesamtsprachig betrachtet- die Elemente eines Textes ausmachen, die sich am einfachsten erschließen lassen. Im Deutschen gibt es beispielsweise mehr Internationalismen als im Französischen oder Spanischen, da vermutlich ungefähr 90% der gesamten Wörter[1] dieses Feldes aus den romanischen Sprachen und diese wiederum aus dem Lateinischen entstanden sind, in der Romania also als so genannte Erbwörter zum normalen Wortschatz gehören. Jedoch wird man sich durch eine solche Betrachtung ebenfalls der Muttersprache bewusster, da man nun möglicherweise feststellt, dass ein Gutteil der eigenen Sprache aus Internationalismen besteht. „Häufig sind es nur kleine Veränderungen an der Endung oder in der Schreibweise, die Internationalismen sofort erkennbar machen."[2]

---

[1] *EuroComRom – Los siete tamices: Un fácil aprendizaje de la lectura en todas las lenguas románicas*, S. 32.
[2] www.eurocomrom.de, eingesehen am 04.01.2007

Durch Internationalismen kann man einem zu erschließendem Text erste Grobinformationen entnehmen bzw. so genannte Lernerhypothesen bilden, mit deren Hilfe es leichter fällt, die Feininformationen herauszufiltern. Durch die von der Forschergruppe EuroCom entwickelte Methode des optimierten Erschließens lernt der Lerner sich so genannte Interlexeme zunutze zumachen. Hinter diesem Begriff verbergen sich Internationalismen im weitesten Sinne. Interlexeme in Ziel- und Brückensprache sind nie ganz identisch, was sich auch an den unterschiedlichen, mit diesen Begriffen verknüpften Konnotationen und Assoziationen ablesen lässt. Sie sind nur durch eine inhaltliche Bedeutungsähnlichkeit miteinander verbunden. Ein Beispiel hierfür wäre das deutsche Wort ‚Revolution'. Je nachdem, welche Brückensprache man benutzt, wird das Wort graphisch etwas anders aussehen,[3] aber die Grundbedeutung des Interlexems ist immer dieselbe, hier zum Beispiel ‚Vorgang, durch den ein neues System ein altes System meistens mit Hilfe von Gewalt ersetzt'. Französische Sprecher verbinden damit eher etwas Positives, zum Beispiel die Begriffe ‚liberté, égalité et fraternité', während Spanischsprecher aus Lateinamerika damit eher ‚Putsch, Staatsstreich und Militärdiktatur' assoziieren würden.

Für dieses erste Sieb bleibt also herauszustellen, dass Internationalismen einerseits stark von der Ausgangssprache abhängen, andererseits aber auch von einem soziokulturellen Kontext geprägt sind. Auf jeden Fall aber sind sie eine gute Ausgangsbasis für den weiteren Erschließungsprozess, da sie dem Lerner aufzeigen, was er unbewusst schon weiß und ihn dadurch zu mehr motivieren.

3.2.2 Sieb 2: „Panromanischer Wortschatz"

Im zweiten Sieb geht es um einen engeren Bereich des Wortschatzes. Alle Sprachfamilien verfügen über ein, fast allen Mitgliedern dieser Sprachfamilie zuzuordnendes, Vokabelfeld, das sich im Fall der romanischen Sprachen laut EuroComRom noch weiter unterteilen lässt. Dieses Sieb dient also dazu, Gemeinsamkeiten innerhalb der Romania herauszufiltern und so das Verständnis zu erleichtern. Im Gegensatz zu dem ersten ist das zweite Sieb eher als Einstieg für Muttersprachler der romanischen Sprachfamilie interessant, da diese Texte in einer ihnen unbekannten Sprache eher panromanisch erschließen werden als über Internationalismen. „Beim panromanischen Wortschatz handelt es sich vornehmlich um Wörter, die zum Grundwortschatz und oft sogar zu den häufigsten in der jeweiligen Sprache gehören (was beim IW nur für einen kleineren Prozentsatz der Fall ist)."[4] Als

---

[3] frz. *révolution*, engl. *revolution*, it. *rivoluzione*, sp. *revolución*, pg. *revolução*, rum. *revoluţie*
[4] http://www.eurocomrom.de/compact/kurs/text_seite_123.htm, eingesehen am 04.01.2007

Hintergrundinformation für den interessierten Lerner bietet EuroComRom sogar noch eine Erklärung: Als erstes wird die Frage nach der Anzahl der romanischen Sprachen diskutiert, um im Anschluss näher auf die Entstehung der romanischen Sprachen aus dem Latein heraus einzugehen. Für die Zwecke dieses Siebes ist es notwendig zu wissen, dass die Forscher die Zahl der romanischen Sprachen auf 9 festlegen und des Weiteren postulieren, dass es sprachgeschichtlich im Wortschatz der sich entwickelnden romanischen Sprachen einen großen Anteil gab, „der allen Regionen des Imperiums gemeinsam war".[5]

Auf der Basis dieser Vorüberlegungen wird nun eine theoretische Liste der panromanischen Wörter herstellt, wobei mehrere Unterscheidungskriterien zugrunde gelegt werden. Laut EuroComRom besteht der panromanische Wortschatz aus sechs Teilen:

1. Es gibt 39 absolut panromanische Wörter, die im Grundvokabular aller romanischen Sprachen vorkommen.
2. Es gibt 108 Wörter, die meistens im Grundvokabular von mindestens 9 Sprachen vorkommen. Zusammen mit den 39 absolut panromanischen Wörtern bilden sie den Nukleus des panromanischen Vokabulars. Man kann sie auch als panromanische Elemente höchsten Grades bezeichnen.
3. Die nächsten 33 Wörter findet man in mindestens 8 romanischen Sprachen und, genau wie Nr. 1 und 2, auch als Entlehnungen im Deutschen.
4. 227 Wörter gehören dem vierten Teil an. Sie kommen ebenfalls meistens im Grundvokabular der jeweiligen Sprachen vor und sind so leicht erschließbar. Zusammen bilden diese 260 Wörter die Ergänzungsliste im panromanischen Wortschatz.
5. Daneben gibt es noch die Lehnelemente, so zum Beispiel aus dem ‚Gelehrtenlatein'. Hierzu zählen ungefähr 73 Wörter der Panromania.
6. Schließlich sind noch 20 Lehnwörter germanischen Ursprungs zu nennen, die sich in der Mehrzahl der romanischen Sprachen erhalten haben und so zum panromanischen Verständnis beitragen.

Somit lässt sich der panromanische Wortschatz, der im zweiten Sieb im Mittelpunkt steht, auf insgesamt 407 Elemente festlegen, die als Ausgangspunkt für weitere Texterschließungen dienen können. Man muss jedoch noch zwischen konvergenten und divergenten Wörtern unterscheiden. Nicht alle panromanischen Wörter sind auch wirklich bedeutungsähnlich, das heißt konvergent. Einige haben in den unterschiedlichen Sprachen eine Bedeutungsverschiebung durchgemacht, das heißt sie sind divergent geworden. Laut

---

[5] http://www.eurocomrom.de/compact/kurs/text_seite_123.htm, eingesehen am 04.01.2007

EuroComRom überwiegt jedoch in diesem zweiten Sieb die Konvergenz der Bedeutungen, während die divergenten Wörter eher den Profilwörtern der jeweiligen Sprachen zugeordnet wurden. Diese werden dem Lerner hier noch vorenthalten, aber an einer späteren Stelle sowie in den Miniporträts der Sprachen, auf die später noch eingegangen werden wird, zur Verfügung gestellt.

3.2.3 Sieb 3: „Lautentsprechungen"

In diesem Sieb geht es nun nicht mehr ausschließlich um die Ähnlichkeiten, die sich über den graphologischen Bereich erschließen lassen, sondern um den Bereich der Lautentsprechungen. Damit sind jene sprachlichen Phänomene gemeint, die innerhalb einer Sprache zwar konsistent sind, sich aber von Sprache zu Sprache unterscheiden.

Verdeutlicht soll dies an den folgenden Beispielsätzen, die dem von der Forschergruppe EuroComRom herausgegebenen „EuroComRom – Los siete tamices" entnommen wurden. Ziel dieses, für Lerner mit Spanisch als Brückensprache konzipiertes, Beispieles ist es herausstellen, welche Entsprechungen der Konsonantennexus ll- im Anlaut, bzw. die ‚formas cultas' cl-, pl-, und fl-, in einigen anderen romanischen Sprachen hat.

    (es.) La **ll**ave está en una sala **ll**ena de **ll**amas.
    (cat.) La **cl**au és un una sala **pl**ena de **fl**ames.
    (oc.) La **cl**au es en una sala **pl**ena de **fl**ames.
    (fr.) La **cl**ef (clé) est dans une salle **pl**eine de **fl**ammes.
    (it.) La **ch**iave è in una sala **pi**ena di **fi**amme.
    (por.) A **ch**ave está numa sala **ch**eia de **ch**amas.
    (gall.) A **ch**ave está nunha sala **ch**ea de **ch**amas.
    (rum.) **Ch**eia este într-o sală **pl**ină de *flăcări (en rum. flamma no se ha conservado).[6]

Wie man unschwer sehen kann, haben sich die, im Spanischen jedoch gelehrten Formen, cl-, pl- und fl- im Katalanischen, Französischen und Okzitanischen erhalten, während sie im Portugiesischen und Galizischen in allen Fällen zu ch- geworden sind. Im Italienischen und Rumänischen liegt der Fall etwas anderes. Im Italienischen ist der laterale Konsonant –l- nach c-, p- und f- zu –i- geworden, während cl- im Rumänischen zu ch- geworden ist. Pl- ist im Rumänischen erhalten geblieben, wohingegen sich das lateinische Wort *flamma* nicht erhalten hat und stattdessen zu *flăcări* wurde. Aufgrund anderer Beispiele, die von der Forschergruppe entweder auf der Internetseite von EuroComRom oder in den Handbüchern für die jeweiligen Sprachen zusammengestellt wurden, kann man die oben dargestellte Beobachtung als feste Regel annehmen. Daneben gibt es noch Beispiele für Lautentsprechungen innerhalb des Vokalsystems sowie anderer Konsonanten bzw. Konsonantengruppen. Da es bei der Methode von EuroComRom, wie schon des Öfteren erwähnt, hauptsächlich nur um rezeptive

---
[6] *EuroComRom – Los siete tamices: Un fácil aprendizaje de la lectura en todas las lenguas románicas*, S. 49.

Fähigkeiten geht, kann man so vordergründig komplett andersartige, unverständliche Wörter durch Lautentsprechungen erschließen, um zu einem verbesserten Textverständnis zu gelangen. „Man erwirbt sich schnell ein Wissen, wie heute bestimmte Lautverbindungen der *einen* Sprache anderen Lautverbindungen der *anderen* Sprache entsprechen."[7]

3.2.4 Sieb 4: „Graphien und Aussprachen"

Im Gegensatz zu dem vorherigen Sieb, in dem es nur um die graphischen Entsprechungen derselben Laute in den verschiedenen romanischen Sprachen ging, behandelt dieses Sieb unterschiedliche Realisierungen verschiedener Phänomene in der Aussprache. Es gibt mehrere Unterkapitel, von denen jedes ein Phänomen genauer darstellt. In Kapitel 1 geht es um die Palatalisierung, in Kapitel 2 um die Sonorisierung, im dritten um die Assimilation, im vierten um die Vokalisierung und andere Veränderungen der l-Laute und schließlich in Kapitel 5 um die Nasalierung im Französischen und Portugiesischen. „Ya conocemos todos estos fenómenos gracias a las reglas de correspondencia fónica. Pero el hecho de entender su carácter, en tanto que fenómenos lingüísticamente relevantes, y su funcionamiento permite un trabajo más autónomo a la hora de establecer hipótesis adecuadas y de hacer deducciones inteligentes."[8] Es ist einerlei, ob man eines der Handbücher oder den Internetkurs betrachtet: In diesem Sieb wird zum ersten Mal versucht, eine gedankliche Verbindung von allein rezeptivem Leseverständnis hin zu rezeptivem Hörverständnis und eventuell sogar konkreten sprachlichen Anwendungen herzustellen.

Im ersten Unterkapitel geht es, wie schon erwähnt, um die Palatalisierung. Als erstes wird eine kurze Erklärung gegeben, was dieses Phänomen genau ausmacht, um dann auf einzelne Beispiele einzugehen. „Die Palatalisierung wird in der Romania normalerweise durch die beiden palatalen Vokale i und e ausgelöst."[9] Am stärksten werden [k] und [g] palatalisiert, gelegentlich auch [n] und [l]. Weiter kann man lesen, dass das Rumänische am stärksten davon betroffen sei. Außerdem wird auch auf die mögliche Verhinderung der Palatalisierung dieser Laute eingegangen und die hierfür notwendigen graphischen Konventionen mit Hilfe des h im Italienischen und Rumänischen sowie des u in den übrigen romanischen Sprachen. EuroComRom gibt in beiden Fällen sowohl Regeln als auch Beispiele.

Im nächsten Teil geht es um die Sonorisierung der intervokalischen Verschlusslaute [p-t-k] zu [b-d-g]. In den westromanischen Sprachen fand dieser Prozess statt, im Fall des

---

[7] http://www.eurocomrom.de/compact/kurs/text_seite_1887.htm, eingesehen am 04.01.2007
[8] *EuroComRom – Los siete tamices: Un fácil aprendizaje de la lectura en todas las lenguas románicas*, S. 88.
[9] http://www.eurocomrom.de/compact/kurs/text_seite_517.htm, eingesehen am 04.01.2007

Französischen verschwanden sie teilweise sogar ganz. In der Ostromania dagegen, das heißt in den Sprachen Rumänisch und Spanisch, haben sie sich jedoch weitestgehend erhalten.

„Beim optimierten Erschließen sollte man im Falle von [p-t-k] also daran denken, dass Verwandtschaften mit [b-d-g] bestehen könnten. Und bei zwei oder drei aufeinanderstoßenden Vokalen, einem Diphthong oder Triphthong, können diese durch den Ausfall von [b-d-g] entstanden sein."[10]

In den drei letzten Unterkapiteln geht es um die Assimilation, die verschiedenen l-Laute, die teilweise vokalisiert werden und schließlich die Nasalierung. Die Assimilation wurde teilweise schon im vorherigen Sieb angesprochen und wird hier nur noch einmal kurz und etwas vertiefter dargestellt. Innerhalb der Romania neigt am meisten das Italienische zu diesem sprachlichen Phänomen, während es im Rumänischen gar nicht auftritt. Um also unbekannte Wörter mit Doppelkonsonanten zu erschließen, kann man versuchen, den ersten Konsonanten durch einen anderen Konsonanten zu ersetzen und so eventuell eine Bedeutung zu erraten. Doch da Assimilationen größtenteils schon in den griechischen und lateinischen Ursprüngen abgespielt haben, sind die Doppelkonsonanten einerseits schon innerhalb der romanischen Sprachen erbwörtlich überliefert oder durch die Internationalismen in die Sprachen übernommen worden.

Das vokalisierte [l] existierte laut EuroComRom[11] schon als ‚l pinguis' im Latein und wurde bereits dort eher als der Vokal u denn als l gesprochen. Man kann also den Schluss ziehen, dass diese Vokalisierung schon früh stattgefunden hat. Im Katalanischen und Italienischen wird es jedoch weiterhin als [l] gesprochen, während es im Französischen, Spanischen und Portugiesischen entweder vokalisiert wurde oder ganz ausgefallen ist. Das Rumänische nimmt hier wieder eine Sonderstellung ein, da hier dieser Konsonant je nach Umgebung vokalisiert wird oder nicht.

Das Phänomen der Nasalierung betrifft im Gegensatz zu den anderen hier vorgestellten nur das Französische und das Portugiesische. „Für die Wiedererkennung romanischer Parallelitäten spielt sie daher keine Rolle."[12] Im Falle des Portugiesischen gibt es sogar graphische Zeichen, die auf Nasalierung hindeuten. Es sind dies: die Markierung durch den Auslaut (entweder –m oder –m) und die Markierung durch die Tilde. Im Französischen findet sich dieses Phänomen nur in der Lautung, in der Schreibung gibt es keinerlei Hinweise.

Dieses Sieb dient, anders als die vorherigen sowie die folgenden, hauptsächlich dazu, die Unterschiede zwischen Graphie und Lautung aufzuzeigen, um ab sofort auch das

---

[10] http://www.eurocomrom.de/compact/kurs/text_seite_518.htm, eingesehen am 04.01.2007
[11] http://www.eurocomrom.de/compact/kurs/text_seite_520.htm, eingesehen am 04.01.2007
[12] http://www.eurocomrom.de/compact/kurs/text_seite_521.htm, eingesehen am 04.01.2007

Hörverstehen als rezeptive Erschließungstendenz mit einzubeziehen. Bisher spielte der Faktor Zeit beim optimierten Erschließen noch keine Rolle, ab sofort kann er berücksichtigt werden, hat man dieses Sieb entsprechend durchgearbeitet. Es ergibt sich eine andere, zweite Perspektive auf die Sprachen, die man nun auch entsprechend schulen kann.

3.2.5 Sieb 5: „Panromanischer syntaktischer Transfer"

EuroComRom unterscheidet in diesem Sieb, in dem es um syntaktische oder Satzbau-Phänomene geht, neun Kernsatztypen innerhalb der Romania. Bei allen Typen besteht eine fast hundertprozentige Übereinstimmung in der Struktur, während sich die Unterschiede auf einige wenige Phänomene beschränken, so zum Beispiel im Französischen mögliche Bedeutungsverschiebungen durch eine andere Wortstellung[13] oder im Rumänischen durch den Gebrauch von Konjunktiven in den, in den anderen Sprachen üblichen, Infinitivkonstruktionen. „Es ist durch viele Tests belegt, dass das syntaktische Erschließen in der Regel als unbewusster Transfer stattfindet."[14] Erst bei komplexen Sätzen beginnt man, bewusst über Regeln, Unterschiede und Gemeinsamkeiten nachzudenken. Jedoch kann man auch hier feststellen, dass die Strukturen sich ähneln, wenn nicht sogar gleich sind. Ein Beispiel anhand eines Aussagesatzes:

 Sp. Pedro se dirige a un colega en la oficina.
 Kat. La Rosa es dirigeix a un col·lega a l'oficina.
 Fr. Yvonne s'adresse à un collègue dans le bureau.
 It. Paola si rivolge a un collega in ufficio.
 Port. João dirige-se a um colega no escritório.
 Rum. Radu se adresează unui coleg la birou.

Stellt man diese Sätze mit den in der Sprachwissenschaft üblichen Abkürzungen für die jeweiligen Phrasen dar, kommt man zu folgendem Ergebnis:

 Sp. SN + V + SN (Dat) + SP
 Kat. SN + V + SN (Dat) + SP
 Fr. SN + V + SN (Dat) + SP
 It. SN + V + SN (Dat) + SP
 Port. SN + V + SN (Dat) + SP
 Rum. SN + V +SN (Dat) + SP[15]

Wie man sieht, ergibt sich keinerlei Verschiebung der Phrasen. Alle Sätze in allen Sprachen werden nach demselben Schema gebildet. Dies gilt auch für andere Arten von Sätzen oder Wortzusammensetzungen der Art Artikel/Determinator + (Adjektiv +) Nomen (+ Adjektiv). Hier zeigt einzig und allein das Rumänische eine Abweichung der Art Nomen +

---

[13] So zum Beispiel bei *une femme sage* versus *une sage femme* (nach: http://www.eurocomrom.de/compact/kurs/text_seite_506.htm, eingesehen am 04.01.2007)
[14] http://www.eurocomrom.de/compact/kurs/text_seite_506.htm, eingesehen am 04.01.2007
[15] Die Beispielsätze wurden entnommen aus: *EuroComRom – Los siete tamices: Un fácil aprendizaje de la lectura en todas las lenguas románicas*, S. 100.

Artikel/Determinator + Adjektiv oder Adjektiv + Artikel/Determinator + Nomen. Jedoch ergibt sich hieraus in den wenigsten Fällen ein Hindernis für die optimierte Erschließung.

3.2.6 Sieb 6: „Morphosyntaktischer Transfer"

Im sechsten Sieb geht es um die morphologische Zusammensetzung der einzelnen Wörter bzw. einzelner ‚Wortpäckchen', während es im Sieb vorher darum ging, komplette Sätze zu erschließen. Behandelt werden unter anderem Artikel-, Plural- und Geschlechtsmarkierungen sowie die romanische Steigerung, die Adverbialbildung, die Kasusmarkierungen oder die Zusammensetzungen der Verben in Bezug auf Personen und Zeiten. Es geht ja nicht nur darum, die Auffälligkeiten zu betonen, sondern auch den Blick des Lerners zu schulen für sprachspezifische Dinge, hinter denen man aber trotzdem noch die groben Gemeinsamkeiten erkennen kann. Mit Hilfe der Miniporträts der einzelnen Sprachen ist es möglich, das in diesem Sieb bereits erlernte Wissen später noch einmal zu vertiefen.

Betrachtet man einmal die erste Person Plural des Präsens, so erfährt man als erstes, dass die Endungen einen lateinischen Ursprung in –amus, -emus und –imus haben. EuroComRom gibt als Beispielverben aus den romanischen Sprachen die jeweiligen Entsprechungen für *reden, sehen* und *kommen* bzw. *wir reden, wir sehen* und *wir kommen*. So ergibt sich folgendes Muster[16]:

Vocal temática	Cons. nasal	facultativo	
-a, ä -e	-m	(-o) (-s)	es. hablamos, vemos, venimos cat. parlem, veiem, venim fr. nous parlons, nous voyons, nous venons
-i -o	-n		it. parliamo, vediamo, veniamo por. falamos, vemos, vimos rum. spunem, vedem, venim

Wie man hier sieht, gibt es zwar innerhalb der unterschiedlichen romanischen Sprachen einige Unterschiede, jedoch nicht oder nur kaum innerhalb einer Sprache. Da beim optimierten Erschließen aber, zumindest beim rezeptiven Leseverständnis der Zeitfaktor eine Rolle spielt, kann man jederzeit in den Unterlagen nachschlagen, um welche Besonderheit es sich jeweils handelt. Natürlich kann man auch einige Gemeinsamkeiten entdecken, wie zum Beispiel im Fall von Spanisch und Portugiesisch. Und darin besteht genau das Ziel dieses Siebes: Hinter den Unterschieden in der Morphosyntax durch einen Vergleich Kenntnisse von einer

---

[16] entnommen aus: *EuroComRom – Los siete tamices: Un fácil aprendizaje de la lectura en todas las lenguas románicas*, S. 113.

bekannten auf eine andere, nahverwandte Sprache zu übertragen und so in der angeblich unbekannten, fremden Sprache für sich nutzbar zu machen.

3.2.7 Sieb 7: „Eurofixe"

Das letzte Sieb schließlich behandelt kurz die so genannten Eurofixe. Hinter diesen Namen verbergen sich Prä- und Suffixe, die alle großen Anteil an den Wörtern einer Sprache haben. Schon alleine viele der Verben bzw. der Substantive der romanischen Sprachen werden mit ihrer Hilfe gebildet, obwohl die Zahl der Fixe selbst sich nur auf etwa je 40 aus dem Griechischen und Lateinischen beläuft. Diese –im Umgangsdeutsch- Vor- und Nachsilben genannten Bestandteile von Wörtern sind außerdem „hochgradig international"[17], da sie besonders im englischen Sprachraum vor allen Dingen bei Neologismen verwendet werden und von dort aus Eingang in den allgemeinen Sprachgebrauch finden. Die Fähigkeit die Prä- und Suffixe im romanischen Vokabular als solche zu erkennen und dementsprechend den Morphemgrenzen abzutrennen, soll durch dieses letzte Sieb trainiert werden. Dies ist deshalb notwendig, da die Fixe natürlich den Sprech- und Schreibkonventionen der jeweiligen Sprachen angepasst wurden. So sieht ein griechisches archi- innerhalb der Romania folgendermaßen aus: sp. archi- oder arqui-, kat. arqui-, fr. archi-/e-/é-, it. archi-/e, port. arqui- und rum. arhi-. Dementsprechend heißt zum Beispiel der Erzbischof auf sp. arzobispo, kat. arquebisbe, fr. archevêque, it. arcivescovo, port. arcebispo und rum. arhiepiscop. Hier treten in jeder der Sprachen neben dem griechischen Präfix noch andere sprachliche Regelungen ein und so ist dieses Beispiel innerhalb dieses siebten Siebes schon eines der schwerer zu erschließenden Wörter. Jedoch empfiehlt sich das „Abkoppeln von Fixen und Segmentieren komplexerer Fixe [...] für das optimierte Erschließen."[18]

---

[17] http://www.eurocomrom.de/compact/kurs/text_seite_698.htm, eingesehen am 04.01.2007
[18] http://www.eurocomrom.de/compact/kurs/text_seite_698.htm, eingesehen am 04.01.2007

3.3 Zusatzmaterialien zu den „Sieben Sieben"

Neben den „Sieben Sieben" gibt es sowohl in den Handbüchern von EuroComRom als auch auf der Internetseite noch weitere Zusatzmaterialien, -informationen und -angebote, von denen zwei hier exemplarisch vorgestellt werden sollen.

3.3.1 Die Profilwörter

Auch wenn ein Teil der Profilwörter in den Miniporträts wieder aufgenommen wird, werden sie in diesem Teil des Kurses noch einmal in ihrer Gesamtheit gesondert betrachtet. „Profilwörter sind die wenigen Elemente, die nach Anwenden der sieben Siebe als einzelsprachspezifisch übriggeblieben sind."[19] Wie man auf der Internetseite lesen kann, hängt dies vor allem mit der unterschiedlichen Weiterentwicklung des gesprochenen Lateins in den verschiedenen Gebieten zusammen. Divergenzen dieser Art lassen sich aber auch in den Einzelsprachen entweder als so genannte Dubletten oder zum Beispiel auch als unterschiedliche Verbstämme wie im Falle des Französischen aller[20] finden. Insgesamt gibt es circa 400 Profilwörter in jeder der dargestellten Sprachen, die dem Lerner in einer Liste zugänglich gemacht werden. Auch wenn die Bedeutungen sich verschieben und teilweise stark unterscheiden, stellt man jedoch fest, dass in den meisten Fällen in jeder Spalte in mindestens zwei Sprachen eine graphische Wortähnlichkeit vorliegt, die man zum optimierten Erschließen nutzen kann. Man kann also zumindest versuchen, in die richtige Richtung zu raten, wenn man sie sich nicht mehr eindeutig erschließen kann.

3.3.2 Die Miniporträts der Sprachen

Für jede Sprache gibt es neben den Profilwörtern auch die jeweiligen Miniporträts. Sie sind in sechs Teile untergliedert, die in diesem Kapitel kurz vorgestellt werden sollen, da sie verschiedenerlei Hintergrundinformationen über die Einzelsprache enthalten und sprachspezifische Besonderheiten aufzeigen.

Als erstes geht es um die geographische Verbreitung und die Sprecherzahl. Es werden die Länder genannt, in denen die jeweilige Sprache gesprochen wird und in Verbindung damit auch die Zahl der Sprecher, die entweder Muttersprachler sind oder die Sprache als Zweit- bzw. Verkehrssprache sprechen. Als Beispiele des Spanischen wären hierfür natürlich

---

[19] http://www.eurocomrom.de/compact/kurs/text_seite_798.htm, eingesehen am 04.01.2007
[20] Man betrachte hier den Infinitiv aller, die erste Person Singular Präsens je vais und die erste Person Singular Futur j'irai (nach http://www.eurocomrom.de/compact/kurs/text_seite_798.htm, eingesehen am 04.01.2007)

Spanien, die indigene Bevölkerung in Lateinamerika oder die Sprecher auf den Philippinen zu nennen. Außerdem wird auch zur Rolle des Spanischen in der Welt Stellung genommen.

Im zweiten Kapitel des Porträts geht es vor allem um die diachrone Entwicklung der Sprache durch die Jahrhunderte hindurch. Im Falle des Spanischen ist hier besonders die Tatsache herausgestellt, dass das Spanisch von heute im Gebiet des heutigen Alt-Kastilien entstanden ist und sich erst durch die Reconquista in andere Landesteile ausgebreitet hat. Außerdem wird Bezug genommen auf frühe schriftliche Zeugnisse, die die Entstehung einer Volkssprache auf der Iberischen Halbinsel belegen, wie zum Beispiel die *Jarchas* oder das Nationalepos *El cantar de Mio Cid*. Des Weiteren ist im Zusammenhang mit dem 16. und 17. Jahrhundert von der einsetzenden Sprachpflege und der Gründung der Real Academia und die Grammatik von Nebrija die Rede, um im Anschluss auch auf die historische Ausbreitung des Spanischen in der Welt einzugehen. Der letzte Teil dieses zweiten Kapitels behandelt das heutige Spanisch vor allen Dingen unter dem Aspekt der im 20. Jahrhundert sehr bekannten, lateinamerikanischen Literatur. Es werden zum Beispiel García Márquez, Borges, Vargas Llosa oder Paz und Fuentes genannt.

Im dritten Teil des Porträts werden die verschiedenen Varietäten der Sprache dargestellt. Hierzu gehört im Bereich des Spanischen vor allen Dingen die europäisch-spanische aber auch die hispanoamerikanische Norm. Der wichtigste sprachliche Unterschied, die Aussprache von c und z, wird hier ebenso erwähnt wie auch die innerspanischen Varianten zwischen dem Norden und dem Süden. Ebenfalls kurz erwähnt wird der Einfluss der indigenen Sprachen in Lateinamerika. Auch wenn dieser Teil nicht ausführlich dargestellt ist, so lenkt er doch den Blick des interessierten Lerners darauf, dass auch eine synchrone Betrachtung des modernen Spanisch nie vollkommen homogen sein kann.

Im nächsten Abschnitt werden die spezifischen Charakteristika der einzelnen Sprachen herausgestellt. Hierunter werden sowohl besondere Kennzeichen in Graphie und Aussprache verstanden, als auch einzelsprachliche Wort- und Lautstrukturen wie zum Beispiel die Akzentregeln im Falle des Spanischen.

Danach folgen ein so genanntes Minilex (ungefähr 400 Wörter) und eine Liste mit den Strukturwörtern der jeweiligen Sprache. Im Spanischen handelt es sich hier um die Bereiche der Zahlen, der Artikel, der Präpositionen und Zeitangaben, Konjunktionen, fast alle Pronomen, Adverbien sowie die häufigsten Wörter aus den Bereichen Familie und Personen, Haus und Welt, Adjektive und Verben. Die Strukturwörter „sind die fundamentalen Elemente der spanischen Sprachstruktur. Sie machen in einem durchschnittlichen Text bereits 50-60%

des Vokabulars aus."[21] Diese spanisch-deutsche Liste setzt sich zum einen zusammen aus einem Teil von Internationalismen und Panromanismen, andererseits aber auch aus Profilwörter sowie neu hinzugenommenen, typischen Vokabeln des Spanischen, die man sich nur schwer erschließen kann. Hinter der deutschen Übersetzung der Wörter werden wo möglich jedoch Verweise auf ähnliche Vokabeln anderer romanischer Sprachen gegeben, so dass auch hier der Bezug zur Methode des optimierten Erschließen nicht vollkommen fehlt.

---

[21] http://www.eurocomrom.de/compact/kurs/minispan.pdf, eingesehen am 02.07.2006

4. Zusammenfassung: Evaluation der Seite EuroComRom

Abschließend kann man feststellen, dass die Internetseite EuroComRom ihre am Anfang dem Lerner präsentierten Grob- und Feinziele, die mit dieser Methode erzielt werden sollen, voll und ganz eingelöst hat. Sie trägt wirklich dazu bei, eine mehrsprachige Lese- und im weiteren Sinne Hörverstehenskompetenz, zu erreichen, wie ich für mich im Falle des Italienischen feststellen konnte. Jedes der auf diese Ziele hinführenden Siebe gibt ein guten Überblick über die jeweilige Fragestellung und enthält ausreichend Übungsmaterial, mit dem der Lerner den neuen Inhalt einüben und sich so aneignen kann. Je nachdem, ob man mit dem Onlinekurs arbeitet oder mit den Handbüchern und einer CD hören sich die gelesenen Texte manchmal etwas blechern an, was aber natürlich nicht an der Konzeption von EuroComRom liegt. Die Onlinekurse sind durch die Animationen etwas bunter und multimedialer gestaltet, was die Internetseite meiner Meinung nach für den Einsatz in Schulen geeigneter und interessanter macht.

Auch wenn die Miniporträt für einen akademischen geschulten Sprachwissenschaftler der Romanistik bzw. der Hispanistik etwas zu kurz geraten sind, geben sie doch gute, wichtige Hinweise und Informationen über die Sprachen und sollten auf jeden Fall neben den sieben Sieben benutzt werden. Die Idee der mit diesen Sieben hervorgehobenen Transferbasen ist ebenfalls lobenswert, da sie strukturiert vorgehen und dem Lerner so Gelegenheit geben, sich das darin Vorgestellte systematisch anzueignen.

Alles in allem eine gelungene „Lernhilfe", mit deren Unterstützung man sich gut innerhalb der romanischen Sprachfamilie zurechtfinden kann.

5. Bibliographie

www.eurocomcenter.com
www.eurocomrom.de , eingesehen am 01./02.07.2006 & 03./04.01.2007

Engel, Gaby und Michael Klein. *Eine neue Lernwelt: das Netz als Medium zur Unterstützung des Lernens.* Verlag Bertelsmann Stiftung, Gütersloh: 1999.

Hendricks, Wilfried (Hrsg.). *Neue Medien in der Sekundarstufe I und II – Didaktik, Unterrichtspraxis.* Cornelsen Verlag Scriptor GmbH & Co., Berlin: 2000.

Martín Peris, E./ Chua, E./ Klein, H. G./ Stegmann, T. D. *EuroComRom – Los siete tamices: Un fácil aprendizaje de la lectura en todas las lenguas románicas.* Shaker Verlag, Aachen: 2005.